똑! 소리나게 일기 쓰기

2018년 11월 30일 초판 1쇄 발행
2023년 6월 25일 초판 3쇄 발행

글 | 조영경
그림 | 김주리

발행인 | 정동훈
편집인 | 여영아

편집 | 김지현, 김학림, 김상범, 김지수, 변지현
디자인 | 장현순
제작 | 김종훈
발행처 | ㈜학산문화사
등록 | 1995년 7월 1일 제3-632호
주소 | 서울 동작구 상도로 282 학산빌딩
전화 | 편집 문의 02-828-8873, 8823 영업 문의 02-828-8962
팩스 | 02-823-5109
홈페이지 | www.haksanpub.co.kr

ⓒ조영경, 김주리 2018

ISBN 979-11-348-1224-9 74810
ISBN 979-11-348-1223-2 (세트)

※KC마크는 이 제품이 공통안전기준에 적합하였음을 의미합니다.
※이 책은 저작권법에 따라 한국 내에서 보호받는 저작물이므로 무단 전재와 무단 복제를 금합니다.
   이 책의 전부 또는 일부를 이용하려면 반드시 저작권자와 출판사의 동의를 받아야 합니다.
※잘못된 책은 바꾸어 드립니다.

두뇌튼튼 저학년 01

글 조영경 그림 김주리

똑! 소리 나게 일기 쓰기

채우리

일기에는 나만의 역사가 담겨 있어요!

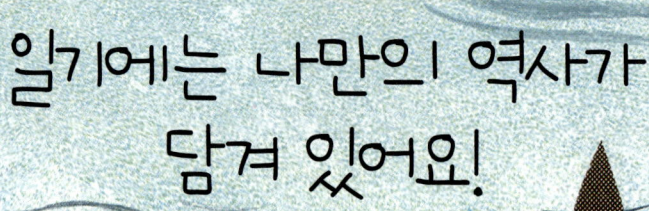

일기는 매일 쓰는 글이에요. 매일 쓰다 보니

무엇을 써야 할지 막막하지요?

매일 특별한 일이 일어나는 게 아니니까요.

또 매일 똑같은 방법으로 일기를 쓰는 것도 재미없을 거예요.

그래서 일기를 쓰려고 일기장을 펼치면 머리가 하얘지면서

아무 생각도 떠오르지 않는다는 친구들도 있어요.

그런데 똑같은 날은 하루도 없답니다.

조금만 관심 있게 살펴보면 여러분의 하루하루는

날마다 새로워요. 그리고 일기는 형식에 상관하지 않고

자유롭게 쓰는 글이에요.

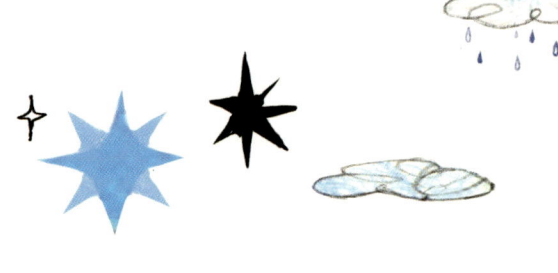

이 책은 일기를 쓸 때 어떻게 써야 하는지
한 단계 한 단계 설명해요.
설명하는 대로 따라서 일기를 쓴다면 쉽게 하루를
정리할 수 있을 거예요.
또 다양한 방법의 일기 쓰기도 소개하고 있으니
날마다 새로운 형식으로 일기를 쓸 수 있어요.
일기는 기록을 하는 것이므로 글쓰기 솜씨가 좋아질 뿐만 아니라,
몇 년 뒤에도 지금의 나의 모습을 다시 기억할 수 있답니다.
오늘부터 나만의 역사를 담은 일기를 재미있게 써 보는 것이 어떨까요?

조영경

1. 오늘 일기는 뭘 쓸까?

공원을 지킨 아이들 _{천하무적 일기왕} 일기 쓰는 법 · 10

내 신발을 돌려줘 _{천하무적 일기왕} 소재 찾는 법 · 19

비 오는 날은 싫어! _{천하무적 일기왕} 날씨 쓰는 법 · 29

2. 일기를 어떻게 쓸까?

고생 끝에 낙이 온다 _{천하무적 일기왕} 그림일기 · 40

너는 살아야 해! _{천하무적 일기왕} 칭찬일기 · 49

아빠의 특별한 달걀찜 _{천하무적 일기왕} 음식일기 · 59

제 부탁 좀 들어주세요 _{천하무적 일기왕} 편지일기 · 69

완벽한 하루의 빈틈 _{천하무적 일기왕} 만화일기 · 79

3 글쓰기 왕이 될 수 있는 일기

기가 막힌 여름휴가 천하무적 일기왕 여행일기 · 90

이게 뭐지? 천하무적 일기왕 관찰일기 · 99

지금 어디야? 천하무적 일기왕 관람일기 · 109

우가우가 나는 원시인 천하무적 일기왕 체험일기 · 119

용감한 사라 천하무적 일기왕 독서일기 · 129

1. 오늘 일기는 뭘 쓸까?

공원을 지킨 아이들
- 일기 쓰는 법 -

　학교 수업을 마친 찬우와 하영이, 예준이 그리고 은채는 친구들과 함께 공원에서 피구를 했다. 공을 던지고 맞히는 게임인데 뭐가 그리 재미있는지 깔깔대느라 정신이 없었다.

　그렇게 한참 신나게 놀고 있는데 3학년으로 보이는 남자아이들이 다가왔다.

그 가운데 한 명이 피구 공을 빼앗으며 말했다.

"1학년이지? 비켜! 우리가 피구 할 거야."

그러자 찬우가 나서서 말했다.

"싫어, 우리가 먼저 자리 맡았잖아."

그러자 3학년 형이 주먹을 쥐어 보이며 말했다.

"쪼그만 게 어디서 까불어?"

그러자 또래보다 큰 하영이가 한 발 나섰다.

"쪼그매? 내가 오빠보다 더 큰 거 같은데?"

하영이가 팔짱을 끼고 3학년을 내려다보았다. 순간 나섰던 3학년이 움찔거렸다. 그러자 바가지 머리를 한 3학년이 말했다.

"힘도 없는 주제에 나서지 마라."

그러자 제법 몸이 다부진 예준이가 말했다.

"힘은 나도 센데."

예준이는 보란 듯이 어깨를 돌리며 말했다. 예준이를 본 다른 3학년이 소곤거렸다.

"야, 쟤 우리 태권도장 다녀. 건드리지 마. 1학년이지만 그래도 실력자야."

실력자라는 말에 3학년들은 이러지도 저러지도 못하고 있었다. 그러던 중 삐쩍 마른 3학년이 말했다.

"너희 까불지 마라. 우리 형이 6학년이야."

그러자 은채가 피식 웃으며 말했다.

"우리 언니는 중학생인데. 어떻게, 불러?"

그러자 피구 공을 빼앗았던 3학년 남자아이가 얼굴이 새빨개지더니 공을 거칠게 던지며 말했다.

"너희들, 오늘은 우리가 바빠서 봐주는 거다. 키가 크든 힘이 세든, 그리고 중학생이든 그딴 거랑 상관없어."

3학년들이 서둘러 자리를 뜨자 찬우가 웃으며 말했다.

"아주 못됐어. 겁쟁이 형들이야."

다른 아이들도 3학년들이 자리를 피하자 환호성을 질렀다.

"야호! 우리가 이겼어. 1학년이 3학년을 이겼다! 오늘을 '3학년을 이긴 날'로 정하자!"

친구들은 서로 하이파이브를 하며 즐거워했다.

천하무적 일기왕 일기 쓰는 법

일기는 왜 쓸까?

일기는 오늘 일어난 일들 가운데 기억에 남는 것을 기록하는 글이야. 기분 좋은 일이든 기분 나쁜 일이든 기록하고 느낀 점까지 쓰다 보면 글솜씨도 늘어나고 생각 주머니도 자란단다.

일기는 어떻게 쓸까?

1. 하루의 일을 기록하는 것이므로 날짜와 날씨를 기록해야 해.
2. 일기에 제목을 붙여 보자. 그리고 제목에 관련된 이야기만 쓰는 거야. 제목을 정하지 않으면 오늘 일어난 일들을 모두 쓰게 될 거야.

> 예) 2018년 3월 2일 / 날씨 : 햇볕은 쨍쨍하지만 춥다
> 제목 : 초등학교 입학식

3. 하루에 일어났던 일을 쓰는 것이라고 해서 전부 쓸 필요는 없어. 기억에 남는 것을 쓰도록 하자.

> **잘못된 예** 아침에 일어나서 빵을 먹었다. 그다음에 학교에 갔다가 집에 와서 학원을 갔다. 저녁을 먹기 전에 텔레비전을 보고 숙제를 했다.

4. 오늘 있었던 일을 기록하는 것은 물론 내 생각이나 느낌을 반드시 적도록 하자.

> **예** 3교시 끝나고 선생님이 4학년 교실로 심부름을 다녀오라고 했다. 4학년 교실은 처음 가는 거라 조금 무서웠다. 하지만 심부름을 마치고 나니 뿌듯했다. 진짜 초등학생이 된 것 같다.

일기 쓰기의 팁

일기에는 '오늘'이라든지 '나'라는 단어는 되도록 쓰지 않도록 해. 왜냐하면 하루의 일을 내가 쓰는 것이기 때문이야. 강조하거나 비교할 때는 써도 되지만 굳이 쓸 필요는 없어.

친우의 일기

3월 6일 수요일 | 날씨 피구 하기 딱 좋은 따뜻한 봄

제목 : 우리가 지킨 공원

 친구들하고 피구를 했다. 그런데 3학년 형들이 와서 비키라고 했다. 우리 보고 쪼끄맣다고 한 형은 키 큰 하영이를 보고 놀랐다. 힘이 세다는 형은 예준이를 보고는 쪼그라들었다. 6학년 형을 불러온다고 해서 겁을 먹었지만, 은채 언니가 중학생이라고 해서 안심했다. 그렇게 못된 3학년으로부터 공원을 지켜낸 뜻깊은 날이다.

내 신발을 돌려줘
－소재 찾는 법－

　예준이와 찬우는 반에서 급식을 가장 빨리 먹는다. 급식을 빨리 먹고 운동장에서 놀기 위해서다.

　"유치원 때는 마당이 좁았는데, 초등학교는 운동장이 넓어서 좋아."

　"맞아, 신발 던지기도 마음대로 할 수 있어."

　찬우는 그렇게 말하고 신발을 반쯤 벗어 힘껏 앞으로 발을 찼다. 그러자 운동화가 멀찌감치 날아갔다.

"우와, 재미있겠다."

예준이는 찬우가 신발 던지기 하는 것을 보고 자기도 신발을 반쯤 벗었다.

"이렇게 하는 거야?"

예준이도 찬우를 따라 발을 힘껏 찼다. 그러자 찬우와 달리 예준이 신발은 하늘 높이 올라갔다가 떨어졌다.

"우하하하, 그것도 재미있겠다."

신발을 찾은 찬우는 예준이를 따라 힘껏 발을 찼다.

신발은 멀리 그리고 높이 날아갔다.

"이번에는 내가 더 높이 찰게."

예준이는 그렇게 말하고 있는 힘을 다해 발을 찼다.

신발은 높이 날아가더니 그만 운동장 스탠드 지붕 위로 뚝 떨어졌다.

"헉! 어떻게 해."

예준이가 울상이 되었다. 하지만 찬우는 별일 아니라는 듯이 말했다.

"걱정 마. 나도 저런 적 있는데 5학년 형이 자기 신발을 던져서 꺼내 줬어."

찬우는 그렇게 말하고 스탠드 지붕을 향해 신발을 던졌다. 하지만 찬우 신발도 스탠드 지붕 위에 걸쳐졌다.

"어떡해! 네 신발까지 올라갔어."

예준이가 걱정스럽게 말했지만 찬우는 씩 웃으며 말했다.

"나에게는 아직도 한 짝의 신발이 남아 있다!"

찬우는 그러면서 남은 신발을 벗었다. 그리고 더 신중하게 신발을 던졌지만 역시 스탠드 지붕 위에서 살포시 내려앉았다.

그때 급식을 다 먹은 친구들이 운동장으로 나왔다. 친구들은 스탠드 지붕 위를 바라보는 찬우와 예준이에게 물었다.

"너희들 뭐 해?"

찬우가 상황을 이야기하자 친구들은 누가 먼저랄 것도 없이 신발을 벗었다.

"우리가 꺼내 줄게. 기다려!"

친구들이 차례로 스탠드 지붕을 향해 신발을 던졌다. 하지만 아무도 신발을 맞추지 못했다.

그 모습을 보고 예준이가 친구들에게 말했다.

"얘들아, 신발 멀리 던지기야.

신발 많이 던지기가 아니라고!"

오늘 일기에는 무엇을 쓰지?

일기를 쓸 때 가장 고민되는 게 '무엇을 쓸까'야. 어려울 거 없어. 그냥 오늘 일어난 일 가운데 기억에 남는 '무엇이든' 쓰면 돼.

일기에 쓸 이야기를 어떻게 찾지?

1. 기억하고 싶은 일을 써 봐.

   예) 친구의 생일 파티, 뜻밖의 선물을 받은 일, 우리 집에 손님이 온 일

2. 재미있던 일을 생각해 봐.

   예) 내가 오늘 크게 웃었던 일, 친구들과 놀면서 있었던 일, 가족끼리 웃음이 터졌던 일

3. 화가 났던 일을 적어 봐.

   예) 친구 때문에 화났던 일, 학교 오는 길에 누군가에게 화났던 일, 오해받은 일

4. 잘못했거나 후회되는 일을 반성해 봐.

　예　엄마한테 혼난 일, 동생이랑 싸운 일, 준비물을 안 챙겨 간 일

5. 정말 쓸 게 없다면 내 기분을 써도 괜찮아. 어제와 오늘이 똑같은 날일 수는 있어도 기분까지 똑같지는 않을 거야.

　예　어제와 똑같이 학교에 다녀온 후 학원에 갔다. 그런데 이상하게 별로 힘이 들지 않았다. 어제는 정말 힘들어서 숙제할 힘도 없었다. 하지만 오늘은 학교 숙제도 다 했는데 시간이 남았다. 하루 사이에 슈퍼 히어로가 된 것 같다.

일기에 쓸 이야기 찾는 팁

오늘 하루 어디에 있었는지 생각해 보자. 집, 학교, 학원 또는 엄마랑 외출한 곳 등을 되짚어 보면 일기에 쓸 만한 소재가 있을 거야.

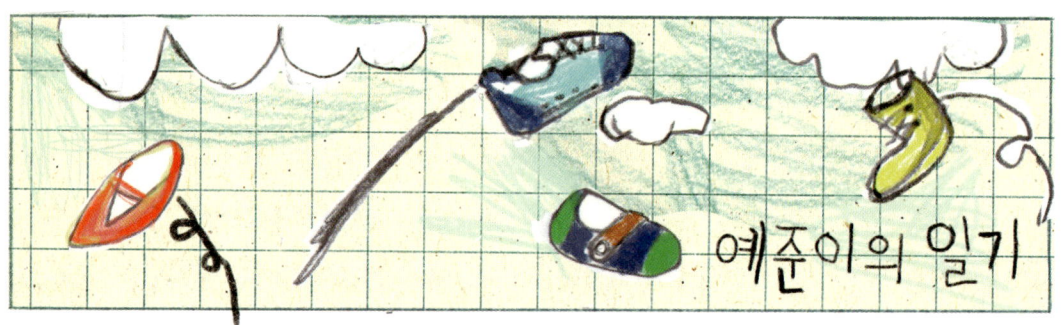

| 3월 11일 목요일 | 날씨 살랑살랑 봄바람에 햇살도 따뜻 |

제목 : 내 신발을 돌려줘!

찬우랑 점심시간에 신발 던지기를 했다. 그런데 그만 내 신발이 운동장 스탠드 지붕에 올라가고 말았다. 찬우가 내 신발을 꺼내 주겠다면서 자기 신발을 던졌지만 찬우 신발도 올라갔다. 그때 우리 반 아이들이 우리를 도와주겠다며 신발을 던졌다. 어느새 운동장 스탠드 지붕이 우리 반 친구들 신발로 가득 찼다. 신발 멀리 던지기가 아니라 신발 많이 던지기였다.

비 오는 날은 싫어!
− 날씨 쓰는 법 −

아침에 일어난 하영이는 밖을 보고 깜짝 놀랐다.

"엄마, 비가 굉장히 많이 와요. 앞이 안 보일 정도예요."

"그러게. 비도 많이 오는데 엄마가 학교까지 데려다 줄까?"

엄마 말에 하영이는 고개를 저었다.

"에이, 내가 무슨 유치원생인가? 저 혼자 갈 수 있어요."

하영이는 그렇게 말하고 서둘러 밥을 먹었다.

장화를 신을까 운동화를 신을까 고민하던 하영이는 그냥 운동화를 신었다.

"비가 많이 오는데 장화 신지. 운동화는 젖지 않을까?"

엄마가 걱정스럽게 말했지만 하영이는 오히려 운동화가 편했다. 장화는 신발주머니에 넣을 자신이 없었기 때문이다.

"조심해서 가면 돼요. 다녀오겠습니다!"

하영이는 우산을 들고 나왔다.

비가 많이 올 뿐만 아니라 바람도 불고 있었다. 빗방울이 사방팔방에서 튀었다.

"운동화만 안 젖으면 돼, 운동화만."

하영이는 비가 고인 웅덩이를 요리조리 피했다. 그리고 보도블록도 조심스럽게 내딛었다. 보도블록이 울퉁불퉁해서 발을 잘못 디디면 마치 지뢰를 밟은 듯 흙탕물이 튈 수 있다.

한 걸음 한 걸음 조심해서 오니 비바람에 겉옷은 좀 젖었지만 운동화는 젖지 않았다.

"이제 학교 다 왔다. 운동화랑 양말이 안 젖어서 다행이야. 젖은 양말을 신고 하루 종일 있는 건 정말 싫어."

하영이는 혼잣말로 중얼거렸다.

그때였다.

"하영아, 같이 가!"

같은 반 친구 은채가 하영이를 불렀다.

"아, 은채야. 안녕?"

하영이도 반갑게 인사를 하다가 깜짝 놀랐다. 은채가 하영이를 향해 뛰어왔기 때문이다.

"은채야, 조심해!"

하영이가 말했지만 달려오던 은채는 삐죽 나온 보도블록을 힘껏 밟고 말았다. 그 탓에 흙탕물이 사방으로 튀었다. 하영이는 재빠르게 흙탕물을 피했다.

"아싸, 피했다."

하지만 하영이가 뒤로 발을 뺀 순간, '첨벙!' 하고 하영이 오른발이 웅덩이에 빠지고 말았다.

"힝, 거의 다 왔는데. 오늘은 찝찝한 하루를 보내겠어."

천하무적 일기왕 날씨 쓰는 법

일기에 날씨는 어떻게 쓸까?

날씨는 매일 똑같지 않아. 맑은 날도 비가 오는 날도 똑같지는 않지. 때로는 기분에 따라 날씨가 다르게 느껴지기도 해.

일기를 쓸 때 날씨를 맑음, 흐림, 눈, 비 이런 식으로 기록하지 말고 문장으로 표현해 보자.

일기에 날씨 쓰는 법

1. 맑은 날

   예) 하늘에 구름 한 점 없는 날
   　　엄청 추운데 해님은 반짝

2. 비나 눈이 오는 날

   예) 하늘에 구멍이 난 듯이 쏟아지는 비
   　　하늘에서 커다란 눈송이가 펑펑 쏟아진 날

3. 흐린 날

예) 우울한 내 마음처럼 하늘에 구름이 잔뜩
온몸이 축 늘어지는 흐린 날씨

4. 덥거나 추운 날

예) 땀이 비 오듯 흐른 날
땅속까지 얼어 버릴 것 같은 날

5. 날씨를 관찰하다 보면 날씨만으로도 좋은 일기 소재가 될 수 있어.

예) 날씨가 더워서 그런지 하루 종일 짜증만 났다. 친구가 말을 시켜도 짜증이 나고, 학교에서 집으로 걸어오는 것도 짜증이 나고 심지어 엄마가 아이스크림을 먹으라는 데도 짜증이 났다. 빨리 여름이 지나갔으면 좋겠다.

일기에 날씨 쓰는 팁

날씨를 표현하는 게 힘들다면 무언가에 비유해 보자.
내 웃는 얼굴 같은 해님, 심술 난 구름, 주먹만 한
눈송이가 펄펄 등 재미있는 표현이 많을 거야.

하영이의 일기

| 4월 16일 화요일 | 날씨 하늘에서 폭포가 콸콸콸 |

제목 : 비 오는 날은 싫어!

 아침부터 비가 쏟아졌다. 하늘에 구멍이 난 것 같기도 하고, 하늘에 있는 폭포가 땅으로 떨어지는 것도 같았다. 눈앞이 보이지 않을 정도였다. 그리고 바람도 엄청 불었다. 우산은 쓰나 마나였다. 그래도 나는 운동화만은 안 젖게 하고 싶었다. 그런데 학교 앞에서 은채랑 인사를 하다가 그만 물웅덩이에 발이 빠지고 말았다. 양말이 젖어 정말 날씨처럼 찝찝한 하루였다.

2. 일기를 어떻게 쓸까?

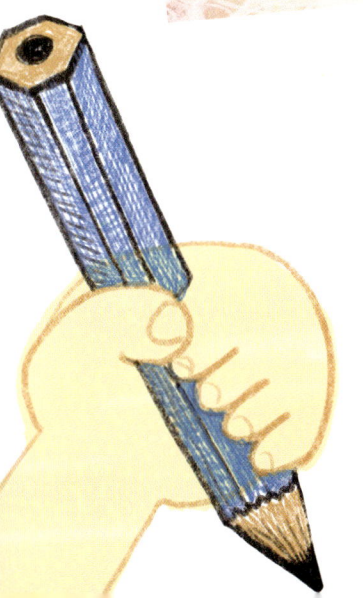

고생 끝에 낙이 온다
-그림일기-

"아빠, 쉬었다가 가요."

아빠와 함께 등산을 온 찬우는 금방이라도 숨이 넘어갈 듯했다.

"힘내, 조금만 더 가면 정상이야."

아빠는 올라가던 발걸음을 멈추고 찬우에게 말했다.

"아빠, 더는 못 가겠어요."

찬우는 산짐승처럼 아예 네발로 기듯이

산을 올랐다. 온몸은 땀투성이에 흙투성이였다.

"초등학생이 이까짓 것 가지고 힘들다면 어떻게 해."

아빠는 가던 길을 내려와 찬우 손을 잡아 주었다. 아빠 손을 잡은 찬우는 아예 그 자리에 털썩 주저앉았다. 그리고 계속 도리질을 하자 아빠가 웃으며 말했다.

"그래, 여기서 잠깐 쉬었다가 가자."

찬우는 배낭까지 벗어 던지고 나무 그늘 아래에 쓰러졌다.

"산꼭대기에 볼 게 뭐가 있다고 힘들게 올라가요?"

"일단 올라가 봐라. 그런 생각이 싹 사라질 거야. 자, 이제 가자."

아빠는 찬우 손을 끌며 말했다. 찬우는 어쩔 수 없이 아빠 손에 이끌려 다시 산을 올랐다.

그렇게 1시간을 더 올라 드디어 산 정상에 이르렀다.

"우와, 높다!"

산 정상에 서니 동네가 다 보였다. 마침 시원한 바람이 지나가 기분도 상쾌했다.

"거 봐, 올라오니까 기분 좋지?"

"네, 올라올 때는 힘들었는데 지금은 내가 왕이 된 것 같아요."
"힘든 과정을 마치면 이렇게 뿌듯한 거야. '고생 끝에 낙이 온다.'라는 말도 있잖아."

아빠는 찬우 머리를 쓰다듬으며 말했다. 그렇게 한 10분 정도 쉬자 아빠가 말했다.

"이제 내려가자."

아빠 말에 찬우는 얼굴을 찌푸렸다.

"으, 또 힘든 과정이 남아 있네요."

"힘든 과정을 마치면 삼겹살을 먹자."

찬우는 삼겹살이라는 말에 벌떡 일어났다.

"아빠, 얼른 가요. '일찍 서두른 새가 고기도 많이 먹는다.'라고 하잖아요."

서둘러 내려가는 찬우에게 아빠가 말했다.

"'일찍 일어난 새가 벌레를 잡는다.' 아니냐?"

하지만 찬우는 삼겹살 생각에 아빠 말이 귀에 들어오지 않았다.

천하무적 일기왕 그림일기

그림일기가 뭐지?

그림일기는 하루에 있었던 일 가운데 기억에 남는 부분을 그림으로 그리는 거야.
마치 사진처럼 하루를 그려 보자.

그림일기 쓰는 법

1. 하루 일 가운데 가장 기억에 남는 장면을 생각해 보자.

   예) 친구랑 놀다가 재미있었던 장면, 누군가에게 화가 났던 장면, 선물을 받았던 장면

2. 딱 한 장면만 그리는 것이므로, 내 기분이나 감정이 나타나도록 그리자.

   예) 신나게 놀던 친구와 내 표정, 화가 났을 때 내 표정이나 상황, 선물을 받는 내 표정

3. 그림일기는 색을 칠하기 때문에 밝은색이나 어두운색으로 감정을 나타낼 수도 있어.

예) 신나거나 즐거울 때는 옷 색깔을 밝은색으로 칠한다. 우울하거나 화가 났을 때는 옷 색깔이나 얼굴 색깔도 어두운색으로 칠한다.

4. 그림일기는 미술 시간이 아니야. 형식에 맞추어 그릴 필요는 없어. 자유롭게 그리자.

5. 그림일기는 그림이 주인인 일기야. 글은 적게 써도 돼. 대신 그림과 전혀 상관없는 글을 쓰면 안 돼. 그림에 맞게 글을 쓰도록 하자.

그림일기의 팁

그림을 그릴 때 배경까지 꼼꼼하게 그릴 필요는 없어. 기억에 남는 딱 한 장면만 그리도록 하자.

4월 20일 토요일 |날씨) 등산 하기 딱 좋은 따뜻한 봄

제목 : 고생 끝에 낙이 온다

아빠랑 등산을 하러 갔다. 올라갈 때는 그 자리에 쓰러질 정도로 힘들었다. 하지만 산 정상에 올랐을 때 내가 왕이 된 것 같았다.

너는 살아야 해!

— 칭찬일기 —

 오늘 점심시간에 하영이네 반은 옆 반하고 피구 시합을 하기로 했다.

 "내가 먼저 나가서 자리 잡고 있을게! 하영아, 급하게 먹으면 체하니까 천천히 먹고 나와."

 찬우가 하영이에게 물을 떠다 주며 말했다. 하영이는 피구 여왕이다. 날아오는 공을 요리조리 잘도 피할 뿐만 아니라 공격도 잘하기 때문에 피구 시합에서 없어서는 안 된다.

하영이가 점심을 다 먹고 운동장으로 나가니 찬우가 다가와 어깨를 주물러 주었다.

"하영아, 점심 잘 먹었어? 컨디션은 어때? 이 시합 너한테 달려 있는 거 알지?"

찬우 말에 하영이는 주먹을 꼭 쥐었다.

"당연하지, 우리 반이 이길 거야!"

드디어 시합이 시작되었다. 하영이의 실력은 1학년들 사이에서도 알아준다.

그래서 하영이가 공격을 많이 받았다. 계속해서 공을 피하던 하영이는 그만 다리를 삐끗하고 넘어졌다.
"아얏!"

그 틈을 놓칠 리 없는 옆 반 아이가 하영이를 향해 공을 세게 던졌다. '퍽!' 하는 소리와 함께 공이 하영이 얼굴을 세게 쳤다.

"헉, 하영아! 코피 나!"

하영이 코에서 새빨간 피가 흐르고 있었다. 그것도 쌍코피! 하영이는 화가 나서 자리에서 벌떡 일어났다. 그런데 하영이 앞을 가로막으며 찬우가 소리쳤다.

"야! 비겁하게 넘어져 있는 사람을 맞히는 게 어디 있어? 너희들 너무한 거 아니야?"

하영이는 자신을 위해 나서는 찬우가 고마웠다. 오늘따라 친절한 찬우가 더 멋져 보였다. 하영이의 두 눈이 하트로 변하는 것을 아는지 모르는지 찬우는 옆 반 아이들에게 더 큰 소리로 외쳤다.

"이건 무효야, 무효! 하영이는 아웃 아니야."

"찬우야, 나는 괜찮아."

하영이가 나지막이 말했다.

그러자 찬우가 하영이에게 말했다.

"무슨 소리야, 아이스크림 내기인데! 네가 없으면 우리는 진다고. 아이스크림이 날아간다고! 그러니까 너는 살아야 해!"

찬우 말에 하영이는 입이 떡 벌어졌다.

"내가 걱정된 게 아니라 아이스크림 때문이었군."

찬우의 진심을 안 하영이는 하트로 변하려던 눈에서 분노의 불꽃이 활활 타오르는 것을 느꼈다.

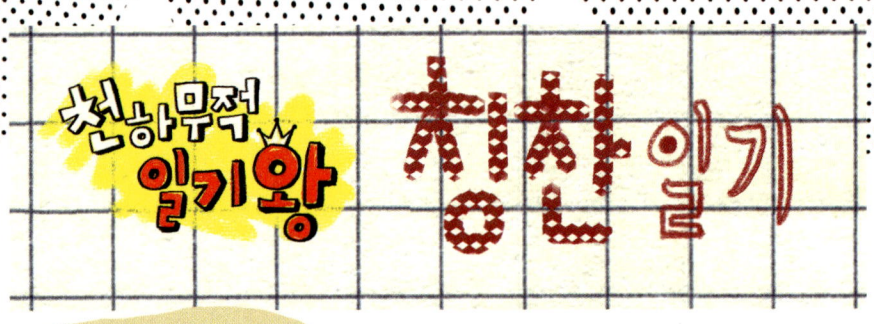

칭찬일기가 뭐지?

누군가를 칭찬하는 일기를 칭찬일기라고 해. 칭찬할 사람이 반드시 다른 사람일 필요는 없어. 나를 칭찬하고 싶을 때도 칭찬일기를 쓰면 된단다.

칭찬일기 쓰는 법

1. 누구를 칭찬할지 정하자.

   예) 잃어버린 내 물건을 찾아 준 친구
   동생을 돌본 나

2. 무엇 때문에 칭찬을 하는지 쓰도록 하자.

   예) 학교에서 오는 길에 목도리를 잃어버렸다. 어디서 떨어뜨렸는지 알 수 없어서 눈물이 나려고 했다. 그때 같은 반 친구가 길에서 주웠다며 내 목도리를 찾아 주었다.

동생이랑 놀아 주었더니 엄마가 안심하고 집안일을 할 수 있었다고 하셨다.

3. 칭찬을 하고 나서 어떤 기분이 들었는지 쓰도록 하자.

예) 친구가 내 목도리를 기억하고 찾아 주어서 정말 고마웠다. 나도 친구들에게 관심을 가지고 친구에게 도움이 되는 사람이 되고 싶다.
엄마의 칭찬을 들으니 기분이 정말 좋아서 다음에도 또 동생이랑 놀아 주어야겠다.

칭찬일기의 팁

특별히 칭찬할 일이 없다면 부모님이나 형제 또는 친구에게 평소에 고마운 마음을 일기로 써 보자.

하영이의 일기

| 5월 3일 금요일 | 날씨 벌써 여름인가 봐, 덥다! |

제목 : 걱정해 줘서 고맙다~!

옆 반과 피구 시합을 했다. 그런데 찬우가 평소와 달리 친절했다. 급식 시간에 물도 떠 주고, 내가 공에 맞아 코피를 흘리자 옆 반 아이들에게 따지기도 했다. 그런데 이 모든 것이 아이스크림 때문이었다. 화가 났지만 그래도 찬우가 내가 피구를 잘할 수 있도록 도와준 덕분에 우리 반이 이겼다. 물론 찬우 덕분에 아이스크림도 먹었다.

아빠의 특별한 달걀찜
-음식일기-

찬우 엄마가 아프다. 열도 나고 목이 부어 말도 못할 정도이다. 저녁에 아빠가 퇴근했을 때, 엄마는 여전히 목이 아파서 말도 제대로 못 했다.

찬우 아빠는 퇴근하자마자 앞치마를 둘렀다.

"아빠, 아빠가 저녁 차리시게요?"

찬우가 놀라서 물었다. 그러자 아빠는 허리에 손을 척 올리고 말했다.

"그럼, 아빠도 요리 잘해. 어디 보자."

그러고는 아빠는 냉장고를 살폈다.
"밥은 밥솥에 있고 밑반찬도 있고. 아, 달걀이 있으니까 달걀찜을 하면 되겠군."
아빠는 냉장고에서 달걀을 몇 개 꺼냈다. 그리고 한 손으로 달걀을 척척 깨뜨리고 거품기로 재빠르게 저었다.

"우와, 아빠 요리사 같아요."

찬우의 여동생 찬희가 말했다. 아빠는 별것 아니라는 듯 씩 웃었다.

잠시 후 부엌에서 달걀 익는 냄새가 솔솔 풍겼다. 찬우와 찬희가 수저를 놓고 아빠가 반찬을 꺼내 상을 차렸다.

"찬우야, 찬희야! 저녁 먹자. 엄마 나오시라고 해."

아빠가 말했다.

그런데 방에서 나온 엄마는 부엌과 아빠가 차린 상을 보고 얼굴을 잔뜩 찡그렸다.

"이…… 으……."

찬우 엄마는 무언가 말하려 했지만 그냥 자리에 앉았다. 아마 목이 아파서 말을 못 하는 것 같았다.

"자, 아빠표 달걀찜!"

드디어 아빠가 뚝배기를 열었다.

"우와!"

찬우와 찬희는 잔뜩 기대를 하고 달걀찜을 보았다.
그런데 달걀찜이 이상했다.
마치 가뭄에 갈라진

논바닥처럼 쩍쩍 갈라져 있었다.

"이상하다. 달걀찜이 왜 이러지? 달걀이 상했나?"

아빠가 고개를 갸웃거렸다. 그러자 엄마가 갑자기 두 눈을 질끈 감고 말했다.

"으……. 달걀찜에 물을 안 넣으니까 그렇잖아요.

그리고 달걀이 넘치면 불을 줄여야지, 그대로 놔둬서 온 집에 달걀 탄내가 진동하잖아요. 또 반찬을 이렇게 통째로 놓으면 어떻게 해요. 도대체 내가 누워 있을 수가 없어!"

찬우 엄마는 그렇게 말하고 목을 움켜쥐고는 그대로 기절하듯이 쓰러졌다. 그래도 하고 싶은 말은 다 해서 그런지 속은 시원한 듯한 표정이었다.

천하무적 일기왕 음식 일기

음식일기가 뭐지?

맛있는 음식을 먹었다면 음식일기를 써 보자.
부모님이랑 맛있는 음식을 만들고 일기를 썼다면
그것 역시 멋진 음식일기가 될 거야.

음식일기 쓰는 법

1. 오늘 먹은 음식을 생각해 보자. 그 가운데 가장 기억에 남는 음식을 쓰는 거야.

   예) 엄마가 오랜만에 부침개를 해 주셨다.
   이모가 케이크를 사 주셨다.

2. 먹기 전에 음식의 모양과 냄새를 표현해 보자.

   예) 동그란 부침개는 내 얼굴보다 더 컸다. 오징어와 호박, 부추, 양파 등 채소를 넣은 부침개였다.
   케이크에는 내가 좋아하는 캐릭터가 재미있는 표정을 짓고 있었다. 보는 것만으로도 기분 좋은 케이크였다.

3. 음식을 먹고 맛에 대해 표현해 보자.

예) 부침개에 오징어가 들어 있어서 씹을 때마다 쫄깃했다. 양파가 매울까 걱정되었지만, 생각보다 맵지 않았다. 케이크는 정말 부드러웠다. 입 안에서 살살 녹으면서 달콤했다.

4. 음식을 만들었다면 재료는 무엇인지, 요리하는 순서는 어땠는지 써 보자.

예) 엄마랑 김치볶음밥을 만들었다. 김치볶음밥을 만들려면 밥과 김치, 햄이 필요하다. 김치와 햄을 잘게 자르고 프라이팬에 볶다가 밥을 넣어 볶았다.

음식일기의 팁

음식을 만들었을 경우에는 번호를 붙이는 것이 좋아.

예) 카레 만들기
재료 — 카레 가루, 감자, 당근, 양파, 돼지고기
1. 재료를 먹기 좋게 썬다.
2. 프라이팬에 볶는다.
3. 물을 넣고 끓인다.
4. 카레 가루를 넣고 또 끓인다.

| 5월 21일 화요일 | 날씨 몸이 으슬으슬 떨리는 추운 날 |

제목 : 아빠의 달걀찜

 엄마가 편찮으셔서 아빠가 저녁을 차렸다. 반찬으로 달걀찜을 해 주셨다. 아빠는 달걀을 한 손으로 깨셨다. 그리고 달걀을 잘 풀었다. 냄새도 그럴듯했지만, 달걀에 물을 넣지 않아 달걀찜이 마치 갈라진 땅 같았다. 아주 퍽퍽한데다가 간도 안 해서 아무 맛도 안 났다. 엄마는 겨우 달걀찜 하나 했는데 부엌은 잔치 음식을 한 것 같다고 화를 내셨다.

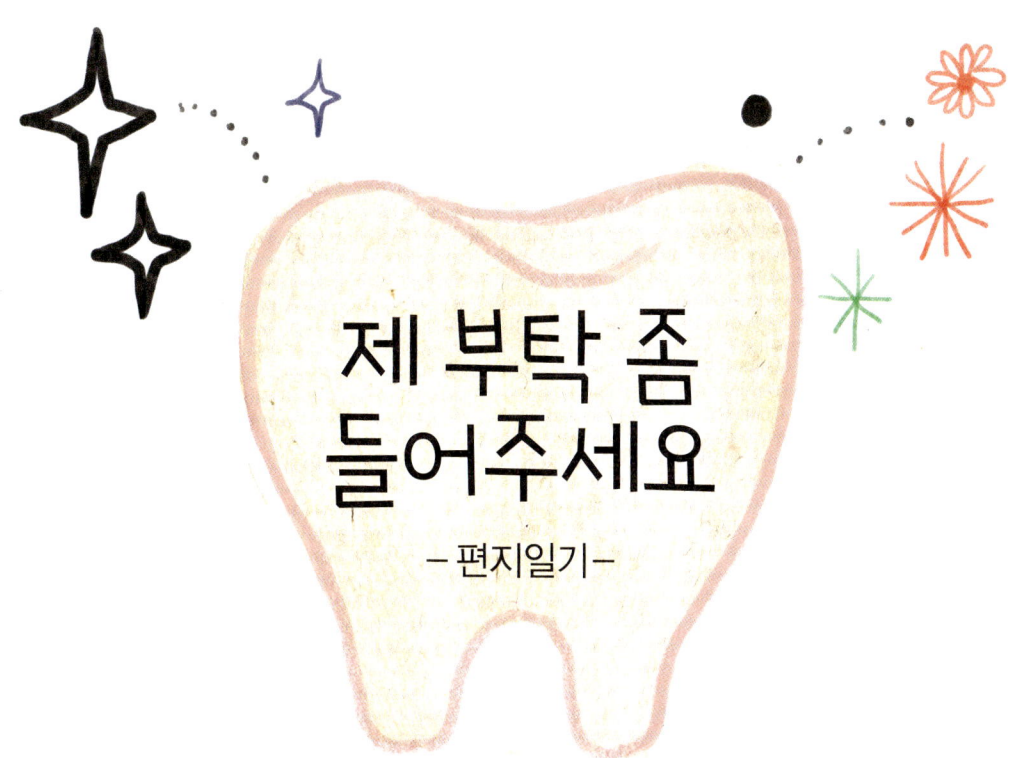

제 부탁 좀 들어주세요
― 편지일기 ―

급식 시간이었다.

"오늘은 치킨 너겟이네. 맛있겠다."

은채는 신이 나서 너겟을 한입 깨물었다. 순간 흔들리던 앞니가 힘없이 꺾이며 빠졌다.

"아, 빠졌다! 드디어 빠졌네."

은채는 빠진 앞니를 들고 속 시원하다는 듯이 말했다. 사실 그동안 앞니가 흔들려서 여간 귀찮은

게 아니었다. 양치질을 할 때도 흔들, 먹을 때도 흔들! 그렇다고 빼자니 아플 것 같고 그냥 두자니 거치적거려서 이러지도 저러지도 못하고 있었다.

"앞니가 이제야 빠진 거야? 나는 예전에 빠지고 거의 다 자랐는데."

앞에 앉은 하영이가 말했다.

"나는 다 자랐어. 봐."

이번에는 예준이가 자기 이를 가리키며 말했다.

"너 앞니에 고춧가루 꼈어, 우웩!"

은채가 예준이 이를 보고 기겁을 했다.

"예준이 너, 앞니가 약간 뻐드렁니구나? 토끼 같아."

하영이가 예준이 이를 보고 말했다.

"앞니는 대문니라서 예쁘게 자라야 한대. 웃을 때 보이니까 말이야. 나처럼."

이번에는 하영이가 환하게 웃었다. 아직 반 정도밖에 안 자랐지만 반듯하고 하얀 이가 정말 예뻐 보였다.

"나도 앞니, 이~!"

이번에는 찬우가 앞니를 내보였다. 찬우 앞니를

가만히 들여다보던 하영이가 말했다.

"너는 혼자 카레 먹은 거야? 이가 왜 이렇게 누렇지? 양치질 안 하니?"

"뭐? 뭐가 누래! 너무해!"

찬우는 입을 손으로 가리고 소리쳤다.

"창피한 줄은 아는가 보다?"

아이들이 재미있다는 듯이 웃었지만 은채는 웃지 못했다. 거치적거리던 앞니가 빠진 것은 좋았지만 걱정이 되었기 때문이다.

'혹시 뻐드렁니가 나면 어떻게

하지? 이가 누런색이면 어떻게 해? 앞니가 제대로 자라기는 할까?'

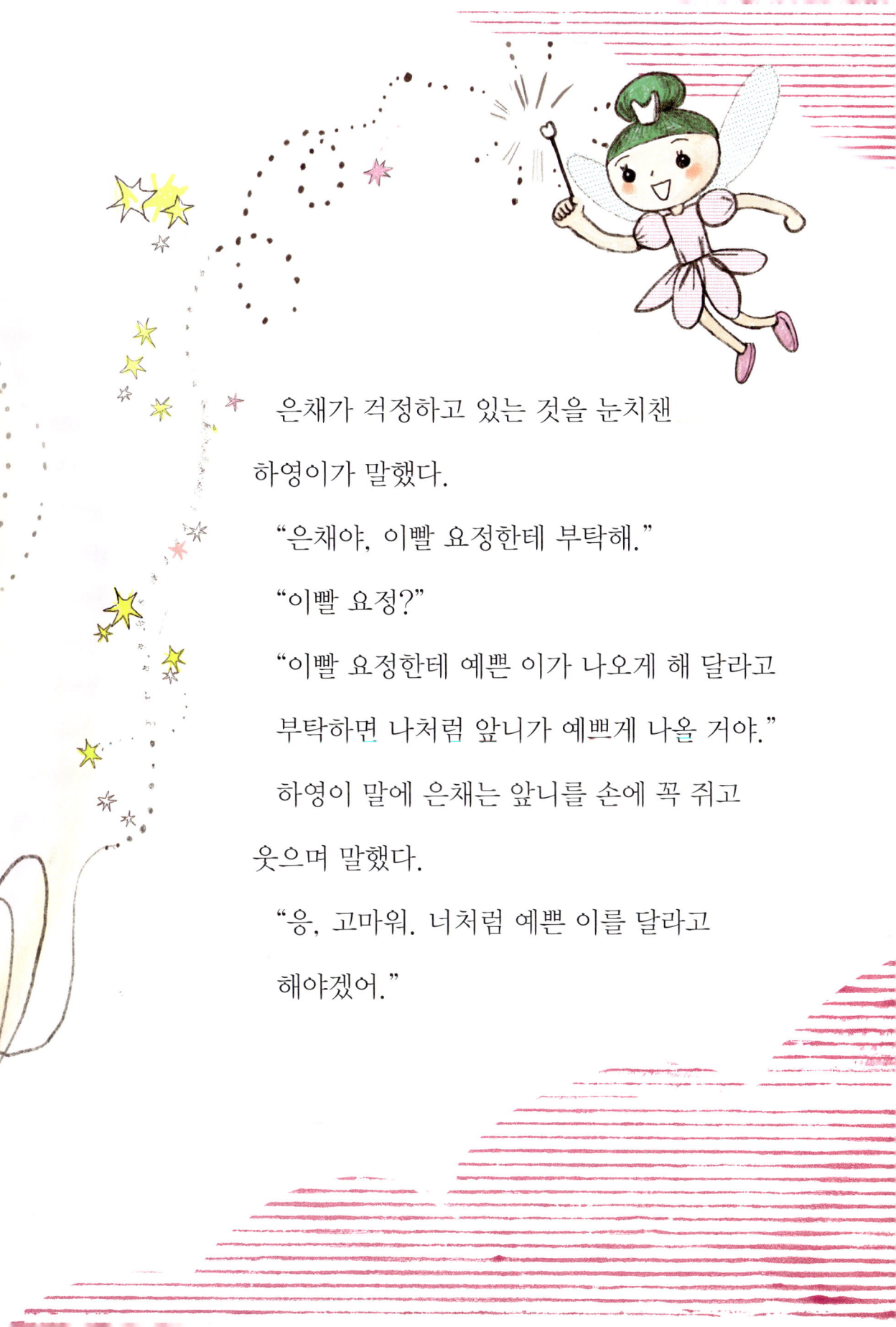

　　은채가 걱정하고 있는 것을 눈치챈 하영이가 말했다.

　"은채야, 이빨 요정한테 부탁해."

　"이빨 요정?"

　"이빨 요정한테 예쁜 이가 나오게 해 달라고 부탁하면 나처럼 앞니가 예쁘게 나올 거야."

　하영이 말에 은채는 앞니를 손에 꼭 쥐고 웃으며 말했다.

　"응, 고마워. 너처럼 예쁜 이를 달라고 해야겠어."

천하무적 일기왕 편지일기

편지일기가 뭐지?

편지일기는 누군가에게 편지를 쓰는 형식의 일기야. 부모님이나 친구는 물론 편지를 받기 힘든 상대에게 편지를 써 보자. 상상 속의 인물에게 써 보면 재미있을 거야.

편지일기 쓰는 방법

1. 편지일기는 편지처럼 쓰는 거야. 그래서 편지글과 형식이 비슷해. 우선 누구한테 쓰는 것인지 밝히고 첫인사를 해야 해.

   예) 정말 고마운 내 친구 예준이에게. 예준아, 안녕!
   내일이면 벼룩시장에 갈 내 장난감에게. 장난감아, 안녕!

2. 상대에게 편지를 쓰게 된 이유를 이야기하자.

   예) 예준아, 청소 시간에 도와주어서 정말 고마웠어.
   장난감아, 오늘 밤이 지나면 이제 너는 새로운 주인을 만나게 될 거야.

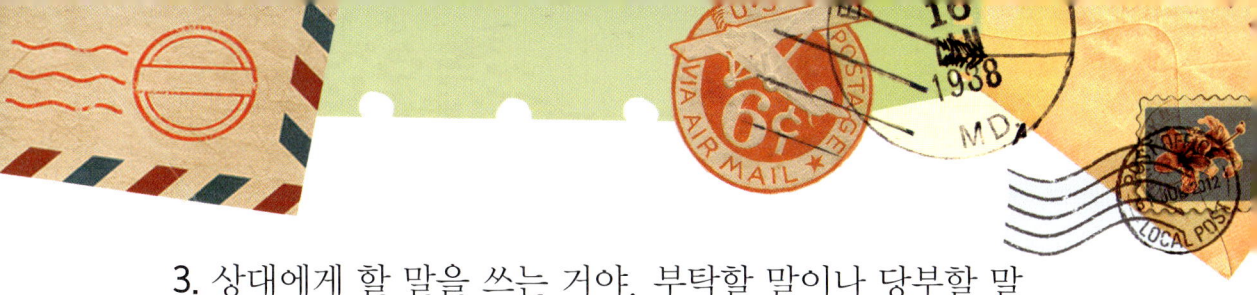

3. 상대에게 할 말을 쓰는 거야. 부탁할 말이나 당부할 말 또는 섭섭한 점 등 하고 싶은 말을 마음껏 쓰자.

예) 예준아, 청소함을 혼자 정리할 때 많이 힘들었어. 그런데 네가 도와주어서 금방 할 수 있었어.
장난감아, 내가 너를 정말 아꼈던 것을 기억해 주었으면 해. 새로운 주인을 만나면 친하게 지내.

4. 끝인사를 하고 편지를 쓸 때처럼 날짜와 보내는 사람을 쓰면 돼.

예) 앞으로 네가 힘든 일이 있으면 내가 도와줄게.
20○○년 5월 29일 너의 친구 하영이가
장난감아, 새 주인하고 행복해.
20○○년 6월 5일 너를 사랑한 옛 주인이

편지일기의 팁

일기장에 이름을 지어 주자. 그리고 일기장에 편지 쓰듯이 하루에 있던 일을 이야기하면 일기 쓰는 것이 더 재미있을 거야.

은채의 편지일기

| 5월 29일 수요일 | 날씨 맑은 하늘에 갑자기 소나기 |

제목 : 이빨 요정에게

안녕하세요, 이빨 요정님.

저는 은채예요. 드디어 앞니가 빠졌어요. 그동안 정말 불편했거든요.

이가 빠진 것은 시원한데 걱정이 있어요. 앞니가 뻐드렁니로 나거나 색깔이 누런색일까 봐요.

이빨 요정님, 부디 제 앞니가 예쁘고 깨끗하게 자랄 수 있도록 도와주세요. 부탁합니다.

20○○년 5월 29일 앞니 빠진 은채 올림

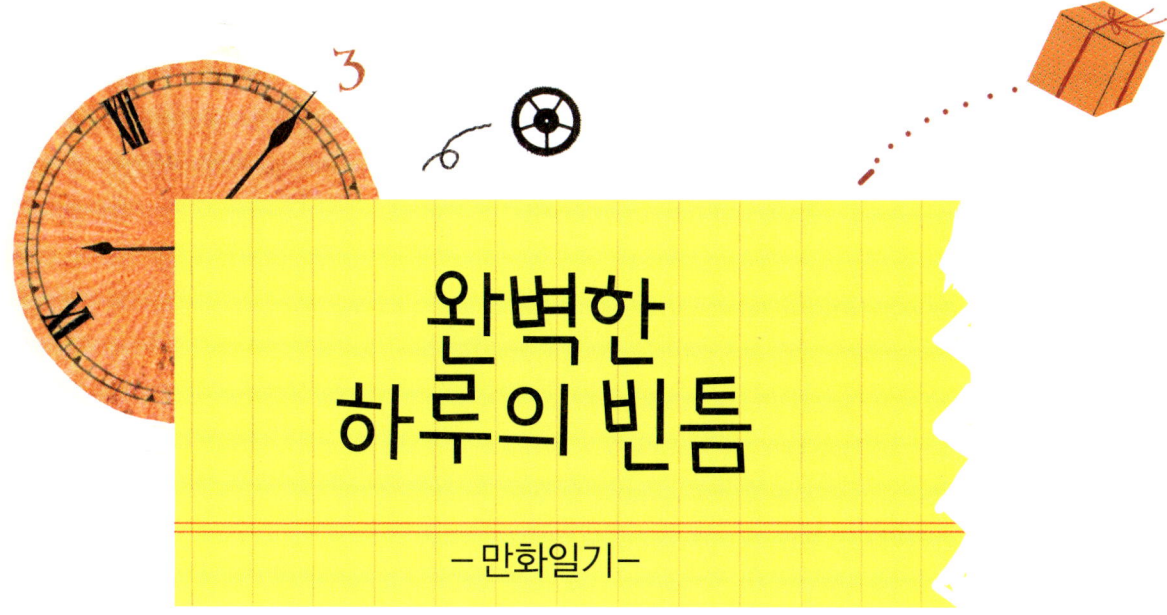

완벽한 하루의 빈틈

-만화일기-

예준이는 잠자리에 들면서 다시 한 번 되뇌었다.

"내일 학교에서 오면 치과 갔다가 피아노 학원 갔다가 학습지 선생님이랑 수업하고, 찬우 생일 파티! 아, 맞다. 생일 선물 사야지."

예준이는 찬우 생일파티에 갈 생각에 가득 차 있었다. 그런데 하필이면 가장 바쁜 목요일이다.

할일이 많은 날이기 때문에 조금이라도 틀어지면 생일 파티에 늦게 된다.

"내일은 정신 바짝 차려야지. 그나저나 찬우 생일 선물은 뭐가 좋을까."

예준이는 찬우에게 줄 생일 선물을 생각하다가 잠이 들었다.

이튿날, 예준이는 수업이 끝나자마자 집으로 왔다. 그리고 엄마를 재촉했다.

"엄마, 얼른 치과에 가요. 오늘 스케줄이 많아서 늦으면 안 돼요."

예준이 말에 엄마가 웃었다.

"어이구, 우리 아들 연예인인가 보다. 스케줄 관리도 해야 하고 말이야."

서둘러 치과를 다녀온 예준이는 바로 피아노 학원으로 향했다. 가는 길에 하영이를 만났다.

"예준아, 너도 찬우 생일 파티에 갈 거지? 너는……."

하영이가 무슨 말을 하려는데 예준이가 재빨리 말을 가로막았다.

"응, 미안한데 내가 좀 바빠서."

그렇게 예준이가 휙 지나가 버리자 하영이는 머쓱해졌다.

예준이는 여느 때보다 피아노 레슨에 집중했다. 실수를 많이 하면 피아노 연습을 따로 해야 하기 때문이다. 집중한 덕분인지 예준이는 생각했던 시간 내에 레슨을 마칠 수 있었다. 그리고 집으로 오는 길에 학습지 선생님을 만나서 바로 수업을 할 수 있었다.

'오~, 내 생각대로 착착 맞아떨어지고 있어. 생일 파티에 늦지 않겠어.'

그렇게 모든 일정을 마친 예준이가 찬우 집에 도착했을 때는 친구들도 막 모인 참이었다.

"예준아, 시간에 맞춰 왔네. 늦을 거 같다고 해서 걱정했는데."

찬우가 예준이를 반갑게 맞아주었다.

"응, 다행히 스케줄이 꼬이지 않아서 늦지 않았어."

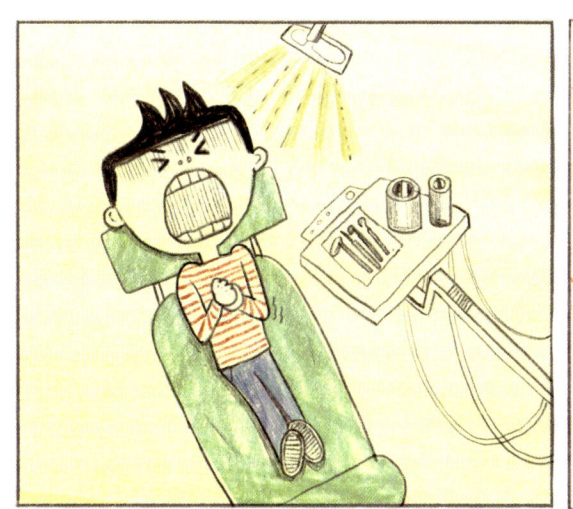

예준이는 웃으며 친구 옆에 앉았다. 순간 예준이는 무언가 허전한 것을 느꼈다.

그때 하영이가 선물을 내밀었다.

"찬우야, 생일 축하해."

그러자 다른 친구들도 선물을 내밀었다. 하지만 예준이는 얼굴만 새빨개졌다.

'아하, 찬우 생일 선물을 깜빡했구나. 어쩐지 일이 잘 풀린다 했다.'

예준이는 자기 이마를 '탁!' 쳤다.
정말 잊을 수 없는 친구의 생일 파티였다.

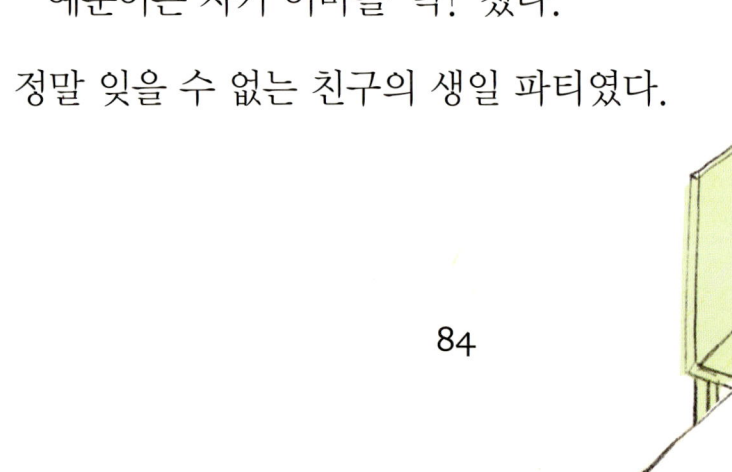

만화일기가 뭐지?

만화일기는 하루에 있었던 일을 만화로 그린 일기야.
글이 아니라 그림으로 아주 재미있게 표현할 수 있어.

만화일기 쓰는 법

1. 우선 무슨 이야기로 만화일기를 쓸지 정하자.

   예) 체육 시간에 있었던 일
   　　친척 결혼식에 갔던 일

2. 만화는 보통 4칸이나 6칸으로 그리는 경우가 많아. 그 안에 이야기하고 싶은 것을 담아야 해. 그래서 우선 내용을 정리해야 한단다.

   예) 체육 시간에 있었던 일
   　　1. 친구들과 피구를 했다.
   　　2. 내가 던진 공에 친구가 맞았다.
   　　3. 내가 미안하다고 사과를 했다.
   　　4. 친구가 괜찮다고 웃어 주었다.

3. 만화 내용은 시간의 흐름이나 장소 이동에 따라 정리하는 게 편해.

〔예〕 1. 친척 결혼식에 가서 친척들을 만났다 → 2. 신랑 신부를 보았다 → 3. 사진을 찍었다 → 4. 뷔페를 먹었다.

4. 만화에 말풍선과 효과음을 넣자. 말풍선처럼 대화하는 글을 넣거나 효과음을 넣으면 글에서 생동감이 느껴진단다.

〔예〕 친구가 피구 공에 맞는 장면 : 퍽! 으악!
신랑 신부를 보는 장면 : 아름다운 신부야!

만화일기의 팁

만화를 그릴 때 너무 자세하게 그릴 필요는 없어. 배경을 누시해도 괜찮아. 특징만 잘 잡아서 그린다면 재미있는 만화일기가 될 거야.

3 글쓰기 왕이 될 수 있는 일기

기가 막힌 여름휴가

- 여행일기 -

"어휴, 차가 너무 막힌다. 캠핑장까지 언제 가."

하영이네 차는 여름휴가로 꽉꽉 막힌 고속도로 한가운데에 멈춰 있었다. 길도 막히는 데다 차 안도 점점 더워지는 것 같아 하영이는 한숨을 푹 쉬었다. 동생 하준이도 이마에 흐르는 땀을 닦으며

징징거렸다.

"아빠, 더워~! 에어컨에서 뜨거운 바람이 나와."

"어허, 에어컨이 왜 이러지?"

아빠는 에어컨 버튼을 눌러도 보고 두드려도 보았지만 소용없었다.

"에이, 그냥 끄고 가자. 조금만 참아."

어쩔 수 없이 하영이네는 차 안의 찜통 같은 더위를 참아 가며 캠핑장에 도착했다.

"우와, 숲이라 냉장고 속 같아요. 땀이 쏙 들어갔어."

"그래, 고생해서 온 만큼 실컷 놀고 가자. 그리고 바비큐 파티도 해야지!"

아빠는 서둘러 텐트를 치고 곧바로 숯불을 피워 바비큐 준비를 했다.

"그럼, 엄마는 쌀부터 씻어야겠다."

짐을 뒤적이던 엄마가 아빠에게 말했다.

"여보, 빨간색 아이스박스 어디 있어요? 먹을 거는 거기에 다 들어 있는데……."

그러자 갑자기 아빠가 몹시 당황해서 말을 더듬었다.

"빠, 빨간색? 아, 현관에 있던? 버리는 건 줄 알고

안 실었는데."

"뭐야, 바비큐 파티는 못 하는 거예요?"

하영이가 깜짝 놀라 소리쳤다.

"바비큐가 문제가 아니야. 쫄쫄 굶게 생겼어. 여긴 마트도 없는데."

엄마가 걱정을 하자 아빠가 자동차 열쇠를 빙빙 돌리며 말했다.

"걱정 마. 아빠가 차 타고 가서 사 오면 돼."

그렇게 말하고 아빠가 자동차 열쇠를 던졌다가 받으려는 순간, 손끝으로 열쇠를 치고 말았다. 열쇠는 그대로 아빠가 피워 놓은 숯불 속으로 들어갔다.

"으악! 열쇠, 열쇠!"

아빠가 놀라서 집게로 숯불을

뒤적여 열쇠를 꺼냈다. 열쇠는 플라스틱 부분에 불이 붙어 타오르고 있었다. 아빠는 열쇠를 땅바닥으로 던져 재빨리 발로 비볐다. 다행히 불은 꺼지고 플라스틱 부분만 살짝 녹았다. 그러나 손으로 집기에는 뜨거워 아빠는 열쇠 앞에 쪼그리고 앉아 힘없이 말했다.

"기다리는 김에 조금 더 기다리자."

하영이네 가족은 아빠 옆에 같이 쪼그리고 앉았다. 올여름 휴가는 무사히 보낼 수 있을까?

천하무적 일기왕 여행일기

여행일기가 뭐지?

여행일기는 여행을 다녀온 후에 쓰는 일기야. 여행일기는 누구와 언제, 어디로 여행 갔는지를 쓰고, 여행 간 곳에서 재미있었던 일을 중심으로 쓰면 돼.

여행일기 쓰는 법

1. 여행을 떠나는 날에 어떤 기분이었는지 쓰자.

   예) 드디어 기다리던 여행 가는 날, 날씨도 내 마음처럼 화창하다.

2. 누구와 어디로 여행을 가는지 써야 해.

   예) 우리 가족은 올여름 휴가 때 동해 바다에 가기로 했다.

3. 여행을 갈 때 무엇을 타고 갔는지도 기록하자. 가는 동안 재미있거나 기억에 남는 일을 생각해 봐.

예 가는 길에 차가 너무 막혔다. 그래서 멀미를 하는 바람에 길가에 차를 세우기도 했다.

4. 여행 간 곳에서 가장 기억에 남는 것을 쓰는 거야. 재미있는 일은 물론 속상했던 일도 괜찮아.

예 해변에서 놀던 나는 그만 해파리에게 쏘이고 말았다. 발이 바늘로 찌른 듯이 따가워 엉엉 울었다. 놀란 아빠가 나를 업고 응급센터로 뛰었다.

5. 여행을 마치고 오는 기분은 어땠는지 써 보자. 그리고 반성할 점도 함께 쓰면 좋은 여행일기가 될 거야.

예 아빠와 실컷 해변에서 놀고, 맛있는 것도 많이 먹었다. 해파리에 쏘인 것만 빼면 완벽한 여행이었다.

여행일기의 팁

여행일기는 시간의 흐름대로 쓰는 것이 가장 좋아. 여행 가기 전, 가는 도중 그리고 여행지에서 일어난 일과 느낌을 쓰면 돼.

7월 30일 화요일 | 날씨 푹푹 찐다, 쪄!

제목 : 기막힌 여행

우리 가족은 캠핑장으로 여행을 갔다. 그런데 차의 에어컨이 고장 나 차 안이 찜통 같았다. 그래도 캠핑장에 도착하니 시원하고 좋았다. 하지만 먹을 것을 모두 집에 두고 와서 먹을 게 없었다. 게다가 아빠가 차 열쇠를 숯불에 빠뜨려 불쇼를 할 뻔했다. 옆 텐트에서 즉석 밥을 나누어 주어 간신히 저녁을 먹었다. 내 평생 이렇게 어이없고 황당한 캠핑은 처음이다.

이게 뭐지?
― 관찰일기 ―

　아파트 베란다에서 화분에 물을 주던 은채는 깜짝 놀라 엄마를 불렀다.
　"엄마, 여기에 싹이 자라고 있어요."
　화분 귀퉁이에 작고 여린 싹이 돋아 있었다. 싹을 본 엄마도 깜짝 놀라 말했다.
　"어머, 씨앗을 심지도 않았는데."
　은채와 엄마는 심지도 않은 씨앗이 저절로 자란 게 신기했다. 하지만 거실에서 텔레비전을 보던 아빠는 심드렁하게 말했다.

"밖에서 씨앗이 날아들어 왔나 봐."

아빠는 베란다를 내다보지도 않았다. 은채와 엄마는 둘이서 작은 싹을 조심스럽게 다른 빈 화분에 심었다.

며칠 뒤, 퇴근한 아빠가 집에 들어오자마자 베란다로 뛰어갔다.

"그 화분 어쨌어? 씨도 안 뿌렸는데 자란다는 그……."

"아빠, 왜요? 무슨 일이에요?"

은채가 묻자 아빠가 걱정스럽게 말했다.

"어떤 사람이 마당에 식물이 저절로 자라기에 그냥 뒀대. 그런데 알고 보니 바람에 날아온 양귀비 씨였다는 거야. 우리도 양귀비 씨가 날아온 걸지도 몰라."

"양귀비? 그게 뭔데요?"

은채가 묻자 아빠는 곤란한 듯이 말했다.

"아주 나쁜 식물이야. 키우는 것만으로도 벌을 받을 수 있어."

겨우 화분을 찾은 아빠는 한숨을 크게 쉬었다.

"어휴, 벌써 이만큼이나 자랐네. 어떻게 하지……."

아빠가 어쩔 줄 모르자 옆에 있던 엄마는 화분을 가만히 들여다보고 말했다.

"뾰족뾰족한 잎에 약간 붉은색이 도는 줄기를 보아하니……."

"보아하니?"

아빠가 침을 꼴깍 삼켰다. 그러자 은채가 웃으며 말했다.

"아빠, 이거 봉숭아야."

"응?"

아빠가 묻자 엄마가 설명해 주었다.

"작년에 심은 봉숭아 씨앗이 퍼진 거예요. 봉숭아 씨앗은 팡팡 터져서 씨받기가 어렵거든요. 그래서 심지도 않았는데 싹이 났다는 건데."

그러자 아빠는 긴장이 풀렸는지 그 자리에 털썩 주저앉았다. 그런데 하필이면 물뿌리개 위에 앉아 엉덩이를 찔리고 말았다.

"아얏!"

아빠는 얼굴을 찡그리고 엉덩이를 매만졌다. 그 모습을 보고 은채가 웃었다.

"아빠는 봉숭아도 모르고, 뒤에 물뿌리개가 있는 줄도 몰라. 정말 관찰력이 하나도 없어!"

천하무적 일기왕 관찰일기

관찰일기가 뭐지?

관찰일기는 무언가를 관찰하고 쓰는 일기야. 동물이나 식물은 물론 어떤 현상이나 사람을 관찰하고도 쓸 수 있단다.

관찰일기 쓰는 법

1. 무엇을 관찰할지 대상을 정하자.

   예) 지난주에 강아지를 한 마리 입양했다.
   3일 전에 심은 강낭콩이 싹이 났다.

2. 눈에 보이는 것부터 기록하자. 동물의 경우 생김새, 먹이, 생활 습관 등을 관찰하자.

   예) 강아지는 갈색 털이 섞인 요크셔테리어다. 크기는 내 품이 쏙 들어올 정도이고 아직 어려서 사료를 물에 불려 주어야 한다. 배변 훈련이 걱정이었는데 사흘 만에 해냈다.

3. 식물의 경우는 일정한 기간을 두고 자라는 과정을 기록하기도 해.

    예) 연초록 떡잎이 나온 강낭콩은 쑥쑥 자랐다. 싹이 나고 5일이 지난 지금은 10cm나 자랐다.

4. 관찰한 것은 물론 느낀 점이나 알게 된 점을 기록해. 궁금한 점은 인터넷이나 책에서 찾아보고 덧붙이면 좋은 관찰일기가 될 수 있어.

    예) 책을 찾아보니 요크셔테리어는 외로움을 잘 탄다고 한다. 외롭지 않게 잘 놀아 줘야겠다.
    우리 몸에 있는 콩팥(신장)은 강낭콩 모양을 닮았다고 한다. 강낭 '콩'을 닮았다고 해서 '콩'팥인가?

관찰일기의 팁

관찰일기를 쓸 때 그림이나 사진을 붙이면 더 정확하고 생생한 관찰일기가 될 수 있어.

은채의 관찰일기

8월 5일 월요일 | **날씨** 쨍쨍쨍 여름!

제목 : 내 손톱을 부탁해

베란다에 있는 화분에 싹이 텄다. 씨앗을 심지도 않았는데 싹이 튼 것이다. 생각해 보니 작년에 심었던 봉숭아의 씨앗이었다. 벌써 떡잎은 떨어지고 본잎이 여러 장 나왔다. 이제 곧 꽃도 필 것이다. 올해도 봉숭아물을 들일 수 있어서 좋다. 그러고 보니 봉숭아는 정말 강한 것 같다. 돌봐주지 않아도 혼자서 싹을 틔우니 말이다.

지금 어디야?
-관람일기-

　예준이 가족은 주말 아침에 조조 영화를 예매했다. 그런데 늦잠을 잔 탓에 상영 시간에 빠듯하게 도착했다.

　"헉헉, 아이고 힘들다! 어디 보자. 3관이구나."

　그런데 상영관으로 입장하려는 순간 예준이가 아빠 손을 잡아끌었다.

　"저기 아빠, 나 화장실……."

　"어휴, 하필 이럴 때……. 얼른 가자."

예준이와 아빠가 화장실로 향하자 엄마가 말했다.

"나는 먼저 3관으로 가 있을게요."

볼일을 마친 예준이와 아빠는 함께 상영관을 찾아 들어갔다. 영화가 곧 시작되려는지 불이 꺼져 깜깜했다. 아빠는 희미한 불빛으로 표를 확인했다.

"어디 보자. H열 15번, 16번인데."

아빠와 예준이는 최대한 몸을 낮춰 자리에 앉았다. 한숨 돌린 아빠가 주위를 둘러보았다.

"엄마는 어디 있나. 그나저나 아침 일찍이라 그런가? 사람이 별로 없네."

"아빠, 쉿! 시작해요."

잔뜩 기대한 예준이는 아빠 말에는 아랑곳없이 스크린에 시선을 고정했다.

조용한 가운데 스피커에서 기분 나쁜 숨소리가 들렸다. 그리고 컴컴한 스크린에 갑자기 불빛이 번쩍하더니 피투성이 좀비가 불쑥 튀어나왔다.

"꺄악!"

예준이와 아빠는 너무 놀라 소리를 질렀다.

"뭐야, 애니메이션이라면서 귀신이 왜 나와!"

"이, 이게 뭐야!"

아빠도 놀랐는지 입을 다물지 못했다. 그때 아빠는 다리에 무언가 스윽 스치는 느낌을 받았다.

"으악, 으악!"

아빠는 발을 마구 구르며 또 비명을 질렀다. 그 탓에 사람들이 아빠를 쳐다보았다. 아빠가 간신히 정신을 차리고 보니 핸드폰이 진동으로 울리고 있었다. 아빠는 창피한 듯 고개를 푹 숙이고 전화를 받았다.

"여보세요."

그러자 핸드폰 너머로 엄마 목소리가 들렸다.

"당신 왜 안 와요. 3관이에요, 3관!"

아빠는 앞에 앉은 사람에게 나지막하게 물었다.

"여기 몇 관이에요?"

"5관이요."

앞에 앉은 사람이 짜증스럽게 말했다.

"죄송합니다."

예준이와 아빠는 고개를 푹 숙이고 살금살금 어두운 상영관을 나왔다. 아, 이게 대체 무슨 창피람.

천하무적 일기왕 관람일기

관람일기가 뭐지?

관람일기는 영화나 연극, 뮤지컬, 미술 작품 등 무언가를 보고 쓰는 일기야.
관람 내용과 느낌을 쓰면 멋진 관람일기가 된단다.

관람일기 쓰는 법

1. 무엇을 관람했는지를 쓰자. 누구와 함께했는지도 쓰도록 해.

   예) 친구들하고 영화를 보러 갔다.
   이모의 그림 전시회에 갔다.
   내가 정말 보고 싶던 뮤지컬을 보러 갔다.

2. 관람하기 전에 어떤 기분이었는지도 기록하자.

   예) 지난달부터 영화 예고편을 봤는데 정말 재미있을 것 같았다.
   그림 전시회라 재미없을 것 같았다.

뮤지컬은 처음 보는 거라 엄청 기대도 되고 떨렸다.

3. 관람한 내용을 쓰자.

> 예) 주인공이 요괴를 물리치고 소중한 보물을 얻는 내용이다.
> 솔직히 무슨 그림인지 잘 모르겠지만 그림을 보고 있으면 마음이 편안해졌다.
> 꼬마 주인공이 자신의 꿈인 가수가 되기 위해 애쓰는 내용이었다.

4. 관람하고 난 다음에 느낌을 쓰도록 해.

> 예) 친구들하고 보서 정말 재미있었다.
> 그림을 모두 이해할 수는 없었지만 그림을 그린 이모가 아주 멋져 보였다.
> 뮤지컬은 배우들이 직접 노래를 불러서 그런지 더 신이 났다.

관람일기의 팁

관람한 작품의 줄거리나 가장 인상 깊었던 부분을 중심으로 쓰면 생각을 정리하기 쉽단다.

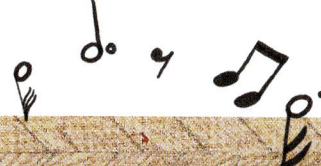

예준이의 관람일기

9월 22일 일요일 | 날씨 하늘이 바다 같은 날

제목: 여기는 어디?

　엄마 아빠와 조조 영화를 보러 갔다. 귀여운 캐릭터가 나오는 애니메이션 영화다. 우리는 영화 시간에 늦어서 불이 꺼진 다음에 들어갔다. 우리가 앉자마자 영화가 시작되었지만 갑자기 좀비가 튀어나와 깜짝 놀랐다. 알고 보니 상영관을 잘못 들어간 것이다. 큰 실수를 했지만 영화는 기대했던 것만큼 재미있고 아름다운 영화였다. 다음부터는 상영관을 잘 확인해야겠다.

우가우가 나는 원시인
-체험일기-

　찬우네 가족은 구석기 체험 축제장을 찾았다. 축제가 열리는 공원에는 구석기 시대의 움집이 곳곳에 세워져 있고 원시인 복장을 한 사람들이 돌아다녔다. 또 다양한 체험을 할 수 있는 체험 부스도 여러 개 있었다.

　이곳저곳 체험 부스를 돌아다니던 찬우와 아빠가 갑자기 코를 킁킁거렸다.

　"킁킁! 찬우야, 어디서 맛있는 냄새가 나지 않니?"

"그렇지, 아빠! 이건 분명히 고기야."

찬우는 코를 벌렁거리며 냄새가 나는 곳을 향했다. 바로 고기 굽기 체험장이었다. 길게 화덕을 만들어 불을 피우고는 그 앞에 앉아 나뭇가지에 고기를 끼워 구워 먹는 것이었다.

"아빠! 우리 저거 해요. 고기, 고기!"

"그렇지! 점심은 고기지!"

아빠와 찬우는 뒤도 안 돌아보고 연기가 가득한 고기 굽기 체험장 안으로 들어갔다.

"날씨도 더운데 불 앞에서 할 수 있겠어요?"

엄마가 걱정스럽게 말했지만 아빠와 찬우 눈에는 오로지 고기만 보였다. 어쩔 수 없이 엄마와 찬희도 아빠와 찬우를 따라 체험장 안으로 들어갔다.

화덕 앞에 앉아 고기를 굽기 시작하자 연기가

피어올랐다.

"콜록 콜록! 엄마, 매워. 난 안 할래."

연기에 콜록거리던 찬희가 뒤로 물러났다.

"아이고, 나도 포기다. 불 앞이라 덥고 연기 때문에 눈물이 나."

엄마도 뒤로 물러났다.

"여보, 찬우야! 둘 다 얼굴이 빨개. 고기보다 얼굴이 먼저 익겠어!"

엄마가 걱정스럽게 말했지만 찬우와 아빠는 오로지 고기 생각뿐이었다. 땀을 뻘뻘 흘리며 눈물을 글썽이면서도 고기를 꿴 나뭇가지를 놓지 않았다.

"익어라, 익어라! 맛있게 익어라!"

드디어 고기가 다 익었다. 화덕에서 물러나

잔디밭에 앉아 고기를 한 입 뜯는 순간, 찬우와 아빠는 소리를 질렀다.

"우가우가! 우가가!"

"우카카카!"

아빠와 찬우는 검댕이 때문에 입가가 새까맸다. 머리에도 재가 쌓이고 얼굴은 시뻘겋게 익고 땀투성이였지만 세상을 다 얻은 표정이었다.

천하무적 일기왕 체험일기

체험일기가 뭐지?

체험일기는 무언가 경험과 체험을 하고 난 뒤에 쓰는 일기야.
무슨 체험을 어떻게 했고, 체험을 끝내고 어떤 생각이 들었는지 쓰면 돼.

체험일기를 어떻게 쓰지?

1. 어디서 무슨 체험을 한 것인지 쓰자.

   예) 양평 농장에서 딸기 체험을 했다.
   안성 낚시터에서 빙어 잡기 체험을 했다.
   충청남도 월하성 마을에서 갯벌 체험을 했다.

2. 체험장에 대해 쓰고 느낌이 어땠는지도 쓰자.

   예) 딸기 체험을 한 곳은 비닐하우스 안이었다.
   얼음 위에는 동그랗게 구멍이 뚫려 있었다. 솔직히 얼음이 깨져 빠질까 봐 걱정됐다.
   갯벌에 들어가자 발이 푹푹 빠졌다. 느낌이 이상했다.

3. 체험을 어떻게 했는지 쓰자.

예 딸기를 딸 때는 딸기가 다치지 않게 '톡' 따야 한다.
    낚싯바늘에 미끼인 구더기를 끼워 얼음 구멍 안으로
    낚싯줄을 내린다.
    조개 구멍에 맛소금을 뿌리면 조개가 쏙 올라온다.

4. 체험을 하고 난 다음에 어떤 느낌이었는지 쓰자.

예 비닐하우스에서 딸기를 따다 보니 너무 힘들었다.
    얼음 위라 추웠지만 빙어를 낚을 때마다 기분이 좋았다.
    엄마 아빠랑 형은 조개를 잘 잡았는데 나는 별로 못
    잡아서 속상했다.

체험일기 쓸 때 팁

체험을 하러 갈 때 미리 수첩과 필기도구를 가지고 가자. 그리고 체험장에서 알려 주는 것이나 느낀 점을 기록하면 나중에 체험일기 쓰기가 아주 편해.

찬우의 체험일기

| 10월 5일 토요일 | 날씨 | 구름 한 점 없는 하늘에 강렬한 햇빛 |

제목 : 나는 원시인!

경기도 연천에서 하는 구석기 축제에 갔다. 여러 체험도 할 수 있었는데, 나는 바비큐 체험이 가장 재미있었다. 불을 피운 화덕에 직접 고기를 구워 먹을 수 있는 것이다. 연기도 많이 나고 뜨거웠지만 다 구운 고기를 맨손으로 뜯어 먹을 때는 정말 원시인이 된 것 같았다. 타임머신을 타고 과거로 간 것 같았다.

용감한 사라
-독서일기-

　은채는 학교 도서관에서 책 한 권을 빌렸다. 책 표지에는 흑인 여자아이가 노란 버스 앞에 서 있었다. 은채가 빌린 책을 보고 예준이가 말했다.
　"그 책 뭐야?《사라, 버스를 타다》라고? 오, 자동차에 관한 책이야? 다 읽으면 나도 빌려줘. 내가 자동차에 관심이 많거든."
　그러자 하영이가 한숨을 쉬며 말했다.
　"어휴, 모르면 좀 가만히 있어. 내가 지난번에 읽어

봤는데 그런 책 아니야."

"그러면 저 여자애가 버스 타고 세계 일주라도 하는 거야?"

이번에는 예준이가 책에 관심을 보였다.

"아니야. 인종 차별에 관한 책이야. 너희들, 인종 차별이 뭔 줄은 알아?"

하영이가 핀잔을 주자 예준이가 코웃음을 치며 말했다.

"얘가 우리를 뭐로 보고. 이런 게 바로 인종 차별이야. 사람 차별하는 거."

그러자 하영이가 웃음을 터뜨렸다.

"우하하하! 이게 무슨 인종 차별이야. 인종 차별은 피부색이 다르다고 차별하는 거야."

"그래, 그거! 그것도 사람 차별이잖아."

예준이가 헛기침을 하며 얼버무렸다.

"책 표지에 있는 애가 사라야. 딱 봐도 흑인이잖아."

하영이가 책 표지의 여자아이를 가리켰다. 은채가 책 표지를 가만히 들여다보며 말했다.

"사라가 흑인이라 차별을 받는 거구나. 지난번에 어떤 책에서 읽었는데 옛날에 흑인들은 다 노예였다고 하더라."

"응. 그런데 사라는 노예가 아니야. 하지만

이 당시에는 버스에 흑인들이 앉을 자리가 따로 정해져 있었대. 기가 막히지 않니?"

하영이가 흥분을 하자 찬우가 말했다.

"에이, 지어낸 이야기니까 그렇지. 세상에 그런 게 어디 있어."

"어머? 이 책은 진짜 있었던 일이야. 실화라고."

그러자 아이들은 어이없다는 듯이 한마디씩 했다.

"헉, 정말? 못됐네, 운전기사 아저씨 인성이 그러년 안 되지."
"맞아. 실제로 그런 일이 있었다면 나는 못 참았을 거야."

은채는 책을 꼭 안고 말했다.

"집에 가서 꼼꼼하게 읽어 봐야지. 사라가 어떻게 했을지 궁금해."

"은채야, 그 책 읽고 나도 빌려줘."

"나도!"

예준이와 찬우도 책에 관심을 보였다. 아무래도 피부색에 따라 앉는 자리가 정해져 있다는 게 믿어지지 않았다.

독서일기가 뭐지?

독서일기는 책을 읽고 난 뒤에 쓰는 일기를 말해. 독서일기를 쓸 때는 무슨 책을 읽었는지 기록하고 책의 내용과 느낌을 쓰면 돼.

독서일기 쓰는 법

1. 책 제목을 쓰자. 이때 글쓴이와 출판사도 쓰도록 해.

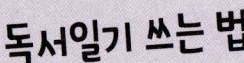 천 원의 행복 / 신현신 지음 / ○○○(출판사 이름)
   아낌없이 주는 나무 / 쉘 실버스타인 지음/ ○○○

2. 어떤 내용인지 줄거리를 간단하게 쓰자. 줄거리 정리가 잘 안 된다면 우선 등장인물에 대해 쓰자. 그리고 사건을 쓰면 돼.

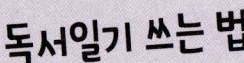 인수는 보육원에 사는 아이다. 그러던 어느 날, 학교에서 알뜰 시장이 열리고 인수는 천 원으로 보육원 수녀님께 드릴 볼펜과 엄마께 드릴 스웨터를 샀다.

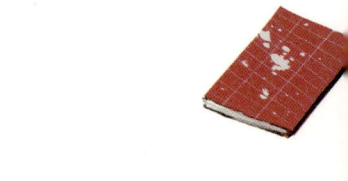

> 옛날에 나무 한 그루가 있었다. 나무에게는 사랑하는 소년이 있었다. 나무는 소년과 놀아 주고, 사과도 주고, 집을 지을 나뭇가지도 주었다. 또 배를 만들기 위한 나무줄기도 주고 나중에 소년이 늙었을 때는 앉아서 쉬라고 밑동도 내어 주었다.

3. 책을 읽고 어떤 생각이 들었는지 쓰면 돼. 이때 '나라면 어땠을까'를 생각해 보자.

> **예** 인수는 자신을 돌봐주는 수녀님과 엄마를 위해 천 원을 썼다. 자기도 사고 싶은 게 있었을 텐데 꾹 참고 다른 사람을 위한 마음이 놀라웠다. 정말 천 원을 뜻깊게 쓴 것 같다.
> 나무는 소년에게 정말 많은 것을 주었다. 그런데 소년은 받기만 하고 고맙다는 말을 하지 않았다. 나에게도 나무가 있다면 쑥쑥 자랄 수 있도록 잘 돌봐줄 것이다.

독서일기의 팁

독서일기는 여러 가지 방법으로 쓸 수 있어. 줄거리와 느낀 점을 써도 되지만 주인공에게 편지를 쓰거나 뒷이야기를 상상해서 쓸 수도 있단다.

| 11월 29일 금요일 | 날씨 심술 난 듯이 구름만 잔뜩 |

<사라, 버스를 타다>를 읽고

사라, 버스를 타다 / 윌리엄 밀러 지음 / ○○○

흑인인 사라는 버스에서 앞자리에 앉으려고 했다. 그런데 버스 기사가 흑인은 앉을 수 없다며 내리라고 했다. 하지만 사라는 끝까지 버티고 결국 경찰서까지 갔다. 그 후 사라와 뜻을 같이한 사람들이 힘을 모아 버스에서의 인종 차별을 없앴다. 만약 내가 사라였다면 나는 무서워서 뒷자리에 앉았을 것이다. 하지만 사라는 용감하게 버티고 인종 차별 법까지 없앴다. 사라는 정말 용감한 아이다.

안녕 자두야 놀면서 똑똑해지는 두뇌개발 시리즈

**단계별로 4×4, 6×6, 9×9 스도쿠
기초 230문제, 기본 200문제 수록!**

자두가 친절하게 설명해 주는 스도쿠 풀이법이 담겨 있어요!

❶ 안녕 자두야 스도쿠 기초
❷ 안녕 자두야 스도쿠 기본

수수께끼 숨은그림찾기로 집중력을 키워 주세요!

아이들의 두뇌개발에 아주 큰 도움이 되는 신개념 놀이책입니다!

❶ 상상력이 팡팡 터지는 수수께끼 숨은그림찾기
❷ 창의력이 빵빵 터지는 수수께끼 숨은그림찾기
❸ 사고력이 쑥쑥 자라는 수수께끼 숨은그림찾기

공부 두뇌가 빵 터지는 교과서 놀이!

재미있는 문제에 놀이가 더해져 아이들이 잠시도 한눈을 팔 수 없게 만든 학습 놀이책입니다

❶ 공부 두뇌가 빵 터지는 수학놀이
❷ 공부 두뇌가 빵 터지는 과학놀이

※가까운 서점 및 마트, 인터넷 서점에 있습니다. ※문의: 02-828-8962